ON DEMANDE
UN
ARLEQUIN

OPÉRETTE EN UN ACTE

DE

PÉRICAUD & DELORMEL

MUSIQUE DE

M. F. BERNICAT

Pantomime réglée par M. Al. GUYON.

Représentée pour la première fois à l'Eldorado.

PARIS

LOUIS GREGH, ÉDITEUR

10, rue de la Chaussée-d'Antin; et 17, boulev. des Italiens

—

1880

ON DEMANDE

UN

ARLEQUIN

A

Monsieur MARIA

Directeur de l'Alcazar de Marseille.

ON DEMANDE
UN
ARLEQUIN

OPÉRETTE EN UN ACTE

DE

PÉRICAUD & DELORMEL

MUSIQUE DE

M. F. BERNICAT

Pantomime réglée par M. Al. *GUYON.*

Représentée pour la première fois à l'Eldorado.

PARIS

LOUIS GREGH, ÉDITEUR

10, rue de la Chaussée-d'Antin; et 17, boulev. des Italiens

—

1879

PERSONNAGES

JULES MONTRÉSOR (baryton). MM. J. Perrin.
BAUDRUCHON (trial).. . . . . . Gaillard.
CADOCHE, notaire (ténor). . . Ducastel.
BAPTISTE (jeune comique). . . Hurbain.
COLOMBINE (mezzo soprano). . Mme Roland.

Une table le long du décor à gauche entre les 2 portes.

ACCESSOIRES POUR LA PANTOMIME

Dans la coulisse.

Un fer à papillotes.

Sur la table.

Un peigne. — Un tire-pied. — Une savonnette avec blaireau et blanc d'Espagne. — Une serviette. — Quelques morceaux de papier pour papillotes.

Un guéridon à gauche de la porte du fond. — Sous-main, encrier et plume d'oie sur le guéridon.

Pour Cadoche.

Une serviette de notaire avec plusieurs contrats. — Une paire de lunettes. — Un mouchoir de couleur. — Une bourse dans les poches de l'habit.

Pour Baudruchon.

Deux manuscrits de pantomime. — Une tabatière. — Une canne, une dent et un journal.

Pour Jules.

Un trombone.

Pour Colombine.

Une petite trompette. — Une corde attachée à la table

ON DEMANDE

UN

ARLEQUIN

Le théâtre représente un salon chez Baudruchon.
Portes au fond et latérales.

SCÈNE PREMIÈRE

COLOMBINE, *entrant.*

Papa est enfoncé dans son journal ! L'étude de
M. Jules Montrésor est au-dessus. Avertissons-le.
(*Elle joue d'une petite trompette qu'elle sort de
sa poche.*)

BAUDRUCHON, *au dehors.*

Ma fille, qu'est-ce que c'est que cette musique ?

COLOMBINE.

Papa, c'est le tramway qui passe. (*On entend
un trombone jouer au dehors :* « *Pour tant d'a-
mour ne soyez pas ingrate,* » *de la Favorite.
Il fait un couac.*)

COLOMBINE.

Pauvre M. Jules !... Joue-t-il assez mal de son
trombone !... C'est pour correspondre avec moi,
du reste, qu'il l'apprend ! Parce qu'un jour en
voyant passer un régiment, j'ai dit devant lui : Ah !
comme j'aimerais à avoir un mari qui jouât du trombone ! Aussi il s'est mis à l'apprendre ! Hein !
est-ce du dévouement cela ?... (*On entend le
trombone pousser des cris plaintifs.*) Il gémit !
Ne le faisons pas attendre plus longtemps. (*Elle
joue de nouveau de sa petite trompe.*)

BAUDRUCHON, *au dehors.*

Ma fille!... est-ce encore le tramway?

COLOMBINE.

Oui, papa. Lis ton journal.

SCÈNE II

COLOMBINE, JULES.

JULES. *Il a son trombone à la main.*

Cet air délicieux me dit d'accourir et j'accours. Votre papa n'est pas là, Mlle Colombine?

COLOMBINE.

Si, M. Jules Montrésor, mais il lit son journal.

JULES.

Appelez-moi Jules tout court! C'est plus intime; ça rapproche plus l'un de l'autre!

COLOMBINE.

Vous aimez donc bien à être près de moi?

JULES.

Si j'aime ça!... mais demandez donc à l'hirondelle si elle aime la liberté, au potiron s'il aime la rosée du matin, et à Jules Montrésor s'il aime à vous envoyer des airs de trombone!... (*Il en joue.*)

COLOMBINE.

Oh! pas ici!

JULES.

C'est juste! Les domestiques pourraient croire qu'on les sonne!

COLOMBINE.

Nous n'en avons pas en ce moment; papa en attend un. Mais parlons un peu de notre amour!

JULES.

Ah! vous êtes *trombone*, mademoiselle Colombine, ma fiancée!... Et vous pensez que votre vieux père ne... repoussera pas... les avances d'un clerc d'avoué dont la principale fortune est de n'avoir pas le sou...

COLOMBINE.

Voyez-vous, monsieur Jules, mon père est un excentrique ; mais il aime sa fille avant tout.

JULES.

Même avant la pantomime ?

COLOMBINE.

Ah ! ça, je ne sais pas !.. Pensez-donc, c'est en jouant les Cassandres avec le grand Debureau, c'est en recevant un tas de coups de pied partout qu'il a amassé ses dix mille livres de rente !

JULES.

Alors ce doit être un crève-cœur pour lui que de voir la pantomime, ce genre délicieux et charmant, délaissé comme il l'est aujourd'hui... Mais il n'y a plus d'artiste pour la jouer !...

COLOMBINE.

Aussi ne m'en parlez pas ! il ne dérage pas du matin au soir !

LA VOIX DE BAUDRUCHON

Colombine !...

JULES.

Ah ! mon Dieu !... le voilà ! il a fini son journal... Je me sauve !...

COLOMBINE.

Pourquoi ne restez-vous pas pour lui demander ma main ?

JULES.

Avec mon trombone, c'est impossible !... A tantôt, Colombine, à tantôt !... (*Il sort.*)

COLOMBINE *seule.*

Il faut que j'avertisse papa de la visite de ce beau jeune homme, car papa ne le connaît pas encore, et il ne faut pas que M. Jules tombe ici comme un chien dans un jeu de quilles.

SCÈNE III

COLOMBINE, BAUDRUCHON

BAUDRUCHON, *un journal à la main.*

Colombine ! Ah ! te voilà !

COLOMBINE.

Oui, papa!... Qu'as-tu donc?

BAUDRUCHON.

Je viens d'avoir une idée qui va faire de moi un homme célèbre.

COLOMBINE.

Ah! mon Dieu! tu m'effrayes, papa!

BAUDRUCHON.

Jusqu'à présent, mon enfant, Asnières-les-Bains n'a offert comme distraction à ses visiteurs que des concerts, des bals et des joutes sur l'eau. Ne pouvant faire jouter sur l'eau dans mes salons, je vais les transformer en théâtre. Mes salons vont devenir le temple de la pantomime.

COLOMBINE.

Tu vas faire jouer la pantomime ici?

BAUDRUCHON.

Tout le temps! Et nous allons répéter aujourd'hui même : *le Contrat de Colombine!* ma nouvelle pantomime. O Debureau! du haut des cieux, ta demeure dernière, tu vas être joliment content!... Enfin, je vais donc pouvoir recevoir des gifles et des coups de pied dans le dos!...

COLOMBINE.

Ah ça! papa, et les artistes pour jouer le *Contrat de Colombine?* Car à nous deux nous ne pourrons jamais faire Arlequin, Pierrot et le Notaire.

BAUDRUCHON.

J'ai écrit à un agent théâtral de Paris pour qu'il m'expédiât ces trois emplois; il m'a répondu qu'il ne pouvait m'offrir qu'un Notaire. Je lui ai télégraphié : Expédiez toujours le Notaire.

COLOMBINE.

Oui, mais un Arlequin, un Pierrot?...

BAUDRUCHON.

J'aurai tout cela!... Tiens, lis! (*Il lui tend un journal.*)

COLOMBINE, *lisant.*

« M. Baudruchon désire un domestique pour

tout faire, ayant joué un peu les Arlequins ou les Pierrots. Se présenter chez lui à Asnières-les-Bains »

BAUDRUCHON.

Il doit m'en venir un aujourd'hui ! S'il se présente, tu l'interrogeras, ma fille, et s'il a joué seulement gros comme ça de pantomime, tu l'engageras à quelque prix que ce soit !. A tout à l'heure, mon enfant !

COLOMBINE *le retenant.*

Mais attends donc, papa !...

BAUDRUCHON.

Quoi, ma Colombine ?

COLOMBINE.

J'ai quelque chose à te dire aussi, moi !... Je veux me marier !...

BAUDRUCHON.

Toutes les pantomimes finissent comme cela. C'est naturé !

COLOMBINE.

Et je veux épouser un jeune homme que j'ai rencontré dans le monde !

BAUDRUCHON.

Et qu'est-il, ce jeune homme ?

COLOMBINE.

Il est clerc d'avoué, et va venir aujourd'hui te demander ma main.

BAUDRUCHON.

Un simple clerc d'avoué, jamais !...

COLOMBINE.

Mais, papa, un clerc d'avoué c'est un homme de bureau.

BAUDRUCHON.

Debureau, cela pourrait faire mon affaire.

COLOMBINE.

Et il joue du trombone !

BAUDRUCHON.

Il joue du trombone ? S'il avait seulement joué les Arlequins, je ne dis pas !

COLOMBINE.

Il les jouera !

BAUBRUCHON.

Eh bien ! je le recevrai !... mais je ne te cache pas que je serai sévère. Je vais inspecter mon costume de Cassandre... et à tout à l'heure, mon enfant, à tout à l'heure !

ENSEMBLE *de sortie.*

BAUDRUCHON.

C'est une grave affaire,
.Fort grave assurément ;
Et je serai sévère
Envers ton prétendant.

COLOMBINE.

Ah ! quoique cette affaire
Soit grave assurément,
Ne sois pas trop sévère
Envers mon prétendant.

(*Cassandre sort.*)

SCÈNE IV

COLOMBINE, *puis* BAPTISTE.

COLOMBINE.

Quel drôle de paroissien que papa !... Enfin il est comme ça !... On ne peut pas le changer, n'est-ce pas ?

BAPTISTE *au fond, vêtu très correctement.*

Est-ce à monsieur Baudruchon que j'ai l'honneur de parler ?

COLOMBINE.

Non, monsieur, c'est à sa fille ! Est-ce que j'ai l'air d'être papa ?

BAPTISTE.

Ah ! vous êtes sa demoiselle... pardon ! C'est que je sais que M. Baudruchon est un malin pour la pantomime. Il se déguise et se grime si bien, m'a-t-on dit, que je ne saurais jamais si c'est à lui que je parle !...

COLOMBINE.

Enfin, monsieur, qu'y a-t-il pour votre service?

BAPTISTE.

Pour mon service, rien. Pour le sien, il y a un domestique qui se présente à lui.

COLOMBINE.

Un domestique?... Mazette, il est bien mis pour un domestique. Il est mieux mis que papa. Avez-vous joué la pantomime?

BAPTISTE.

Cinq ans .. Les Pierrots aux Funambules du boulevard de Strasbourg.

COLOMBINE.

Petite école, alors; enfin, vous plairez à papa, je l'espère.. La cuisine est là... (*Elle montre la porte*, 1er *plan droite*). Je vais le prévenir de votre arrivée. Il va être dans une joie!.. Préparez-vous à lui donner une idée de votre souplesse!.. surtout, parlez-lui le moins possible; tout par gestes, et vous réussirez!.. Dans un instant, il sera ici!.. Vous savez! tout par gestes. (*Elle sort.*)

SCÈNE V

BAPTISTE, *puis* JULES.

BAPTISTE.

Il va falloir que je lui donne une idée de ma souplesse!.. mais alors il faut que je mette mes chaussons. (*Il s'assenit, défait un paquet qu'il a sous le bras et se déchausse tout en causant*) Moi, je ne peux travailler qu'en chaussons.

JULES, *entrant.*

J'arrive de chez M. Cadoche, le notaire de Courbevoie; je me méfie de ceux d'Asnières... il n'y était pas. Je l'ai fait prier de me rejoindre ici pour me montrer des échantillons de contrat, car c'est décidé, je vais faire ma demande.. *Alea, jette la reste* !.. comme a dit un z ain César en devenant tout rubicond.

BAPTISTE.

Tiens ! un monsieur !.. C'est M. Baudruchon..
comme il est jeune !.

JULES.

Tiens ! un homme qui ôte sa chaussure.

BAPTISTE, à Jules.

C'est pour mieux pantomimer.

JULES, sans comprendre.

Pantomimer ?.. Et il met des chaussons !

BAPTISTE, se levant.

Maintenant ne parlons plus !.. L'épreuve com-
mence !.. (Il lui demande par gestes à devenir
son domestique, lui faisant signe qu'il sait
cirer, balayer et faire la cuisine.)

JULES.

C'est un fou !.. Mon cher monsieur...

BAPTISTE, lui mettant la main sur la bouche.

Ne parlons plus !.. (Il lui demande par gestes
combien il lui donnera de gages.)

JULES, à part.

C'est sans doute un ami du père de Colombine..
Flattons sa manie.. (Haut.) Il faut que je vous
réponde par gestes ?

(Baptiste fait signe que oui.)

JULES. à part.

Comme je ne comprends pas ce qu'il me dit, je
vais répondre au hasard. (Il fait des gestes bizarres, n'ayant aucun sens.)

BAPTISTE, à lui-même.

Il me dit d'aller à la cuisine.. C'est qu'il accepte
mes conditions. (Il le salue.)

(Jules lui rend son salut.)

ENSEMBLE, dont les artistes ne font que
mimer les paroles avec la bouche.

L'être le plus infime
Peut par la pantomime
Se faire comprendre partout,
Car ce grand art embrasse tout.

(Baptiste sort.)

SCÈNE VI

JULES *seul*, *puis* CADOCHE.

JULES.

Qu'est-ce que c'est que cet homme-là ?..
Un rival peut-être, qui, pour plaire à M. Baudruchon, emploierait la pantomime. Ah ! mais moi
aussi je saurai parler par gestes, s'il le faut !..
moi aussi je la jouerai !..

CADOCHE, *entrant.*

Cher monsieur Montrésor...

JULES.

C'est M. Cadoche, le notaire de Courbevoie.

CADOCHE.

Vous m'avez fait dire de vous rejoindre ici.. m'y
voici !.. J'étais en train d'en marier deux autres ?..
Encore deux imbéciles de plus dans cet engrenage
du mariage.

JULES.

Vous détestez le mariage ?.

CADOCHE.

Si je le déteste !.. Je n'ai qu'un mot à vous
dire : j'ai été marié six mois !..

JULES.

Et madame votre épouse est décédée ?.. Pauvre
femme !

CADOCHE.

Non, monsieur !.. Elle est partie avec un mar-
chand de lorgnettes... un homme dont la profes-
sion consistait à vous mettre des verres sur le nez !

JULES.

Ç'est pas tout ça !.. Avez-vous des modèles de
contrat sur vous ?

CADOCHE.

J'en ai toujours !.. En voilà !..

JULES, *à lui-même.*

Au fait, si pour plaire au père Baudruchon, je
m'essayais avec lui.. si je pantomimais ?

CADOCHE.

Voici des contrats que je fais payer quarante cinq francs... tout compris...

JULES.

Allons-y ! (*Il lui prend le contrat des mains et le lui remet dans la poche en ayant l'air de le mépriser. Ce qu'il faut, à lui, c'est un contrat très cher.*)

CADOCHE.

Vous avez des malades dans la maison ?. Très bien ! on parlera plus bas.

JULES.

Comment, des malades !.. Il n'a donc pas compris ?

CADOCHE.

Tenez, voici un contrat que je vous recommande, il est de soixante-quinze francs !.. Mais, dame, vous en avez là-dedans à lire au moins pendant huit jours Et... puis, c'est du papier solide !... Ah ! si j'avais eu de ce papier-là avec ma femme, elle n'aurait pas si facilement fait des trous dans le nôtre !...

JULES.

(*Par gestes. il refuse encore ce contrat, et en demande un beaucoup plus cher.*)

CADOCHE, *sans le comprendre.*

Oui ! . oui !... vous frottez des allumettes chimiques qui ne veulent pas prendre !..

JULES.

Des allumettes chimiques ?.. Mais vous ne comprenez donc pas la pantomime ?..

CADOCHE.

Pardon !.. Je la comprends quand on la parle !.. Mais, par gestes, pas du tout... Ne sont-ce pas des allumettes que vous frot.iez ?

JULES.

Mais non ; je vous demandais un contrat dans les trois ou quatre cents francs.. un contrat chic !

CADOCHE.

Fichtre !.. un contrat d'homme du monde
alors !.. Ceux de ce prix-là sont écrits par moi-
même et ont des petites questions tout autour. C'est
charmant ! On rit rien qu'à les voir !.. Je n'en ai
pas sur moi, mais je vais vous en chercher à la
maison !.. Dans un instant je suis de retour !.. (*Il
sort.*)

SCÈNE VII

JULES, *puis* BAUDRUCHON.

JULES.

Il a compris que je frottais des allumettes chimiques !.. C'est un notaire qui n'a pas inventé le
fil à couper le beurre, voilà tout !..

DAUDRUCHON, *entrant.*

Ma Colombine m'a dit qu'un domestique m'at-
tendait ici !... le voilà !.. Oh ! qu'il est bien
mis !..

JULES, *à part.*

Allons, voilà M. Baudruchon ; il n'y a plus à
reculer..

DUO.

BAUDRUCHON.

Vous voyez en moi Baudruchon,
Le plus célèbre des Cassandres ;
Je veux renaître de mes cendres,
Comme un certain phénix, dit-on.

JULES.

Permettez donc
Un instant que je vous admire !...
Monsieur Baudruchon,
Vous possédez un si grand nom ..

DAUDRUCHON.

Je ne saurais vous contredire.

JULES.

Monsieur Baudruchon,
Oui, votre nom est fort connu

Dans le monde des pantomimes ;
Debureau, le plus grand des mimes,
L'a plus d'une fois reconnu.

AIR :

Pour attraper la gifle
Ou bien le coup de pied,
Ou quelque autre mornifle,
Nul ne l'a dégoté.
Y en a que ça déshonore ;
Vous, vous êt's prêt toujours
A les r'cevoir encore
Comm' souv'nir des beaux jours.
Pif ! paf ! v'li ! v'lan !
Il aime à r'cevoir par derrière
Les coups d' pied de la bonn' manière,
Des coups de pied comme en voilà,
V'lan !
Et des soufflets comme ceux-là !
V'li ! v'lan !
(Il envoie des paires de gifles dans le vide.)

ENSEMBLE.

JULES.

Ah ! c'est étrange, il paraît
Que chaque coup le satisfait.
Ainsi du matin jusqu'au soir
Voudrait-il donc en recevoir ?

DAUDRUCHON.

Ah ! c'est charmant, je rénais,
Je rajeunis à ces soufflets ;
Qu'il serait doux d'en recevoir
Ainsi du matin jusqu'au soir.

DAUDRUCHON.

Maintenant, ne parlons plus !

JULES, *à lui-même.*

Nous y voilà !.. Jules, aie de l'éloquence dans
tes gestes !.. Je vais lui demander la main de Co-

lombine, en pantomimant !.. (*Il fait signe qu'il
est amoureux, et qu'il voudrait bien reposer
sa tête sous le même toit que Colombine.*)

BAUDRUCHON, *à part.*

Il me demande combien il gagnera d'appointements par an. Répondons-lui six cent cinquante fr.,
nourri, logé et chauffé !.. Bah ! je le chaufferai !
(*Il lui fait signe avec ses doigts.*)

JULES, *à part.*

Il me demande ce que j'apporte en dot pour
épouser sa fille ?.. Comment lui dire douze
cents francs d'appointements ?.. Ah !.. (*Il mime
12 avec les doigts de la main droite.*)

BAUDRUCHON, *à part.*

Diable ! il veut en gagner douze cents ; c'est
raide !... Indiquons lui qu'il est nourri. (*Il fait les
gestes nécessaires pour imiter un homme qui
fait la cuisine et qui mange.*)

JULES *à part.*

Il m'invite à déjeuner... ou bien, il me demande
qui payera le repas de noces ?... Ce sera moi, bien
entendu !... (*Il mime à tort et à travers pour
dire que ce sera lui.*)

BAUDRUCHON, *à part.*

Cristi ! il est très fort comme mime. J'en arrive
à ne plus le comprendre du tout.

JULES, *à part.*

Je veux même payer le bal !... (*Il imite une
personne qui danse.*)

BAUDRUCHON *à part, dansant devant lui.*

Il me demande si l'on danse quelquefois dans
la maison... Ah ! non !... non !... l'on travaille
ferme !... (*Il fait le geste de frotter le parquet.*)
On frotte !...

JULES, *à part.*

Ah ! il veut qu'on danse la mazurka ?... très
bien : je la sais ! (*Il danse la mazurka.*)

BAUDRUCHON, *à part.*

C'est cela! très fort! il frotte des deux jambes.
Et puis on cire les souliers.

(*Il imite quelqu'un qui crache sur les souliers et les cire.*)

JULES.

Il me demande si je joue de l'accordéon!...
Faisons-lui signe que je joue du trombone! (*Il
imite le trombone.*)

BAUDRUCHON.

Il lave la vaisselle, très-bien! nous sommes parfaitement d'accord. Soit! il mime si bien que je lui
accorde ses 1200 francs. (*Il fait signe qu'à
1200 il consent.*)

JULES, *à part.*

Il m'accepte pour gendre, ô bonheur!

(*Il lui tend la main.*)

BAUDRUCHON *lui tape dedans.*

Là!... ça y est!... il est mon domestique!

JULES.

Il a compris!... Il est mon beau-père! (*Fin de
la musique en sourdine*).

BAUDRUCHON.

Ah! sapristi!... et mon notaire qui n'arrive
pas!

JULES.

Le mien va venir!

BAUDRUCHON.

Vous en avez un?

JULES.

Oui, de Courbevoie.

BAUDRUCHON.

C'est parfait!... maintenant, mon ami, une
dernière faveur. Savez-vous donner un soufflet?

JULES.

Oui!

BAUDRUCHON.

Alors, donnez-m'en un!

JULES.

Oh ! je n'oserai jamais !

BAUDRUCHON.

Osez !... je vous l'ordonne !

JULES.

Alors, je veux bien !... A vous !... (*Il lui envoie une gifle.*)

BAUDRUCHON, *qui l'a reçue.*

Oye ! oye ! oye !... vous m'avez cassé une
dent !... Mais on fait semblant.... Vous ne savez
donc pas ?

JULES.

Voulez-vous que je recommence ?

BAUDRUCHON.

Non ! non !... Vous serez peut-être plus fort
sur le coup de pied... Voyons, faites-moi le plai-
sir de m'en donner un !

JULES.

Mais c'est vous manquer...

BAUDRUCHON.

Je vous l'ordonne !

JULES, *à part.*

Je veux bien, moi... il veut essayer ma force...
(*Haut.*) Oh ! je suis très fort, allez... tendez la
face !

BAUDRUCHON.

Voilà !...

JULES *lui envoyant un coup de pied.*

V'lan !...

BAUDRUCHON *sautant sous le coup de pied.*

Nom de nom !... (*Revenant à lui et lui pre-
nant la main.*) Vous m'aviez dit que vous étiez
solide, je vous crois !

JULES.

Oh ! j'en donne encore de plus forts que ça !

BAUDRUCHON.

De plus forts !... Donnez-m'en un pour ren-
trer dans la coulisse ! (*Il va se mettre devant la
porte de gauche, 2ᵉ plan, le nez sur la porte.*)

JULES.

Quoi! vous voulez?...

BAUDRUCHON.

Je vous en prie! Je vous l'ordonne!

JULES.

Ah! je veux bien, moi!... Quel drôle de beau-père! (*Il lui envoie un formidable coup de pied qui le fait bondir dans la coulisse.*)

BAUDRUCHON, *poussant un cri.*

Ah!

(*Il disparaît.*)

SCÈNE VIII

JULES, *puis* COLOMBINE.

JULES.

Eh bien, s'il n'est pas content de celui-là, il sera difficile!

COLOMBINE, *entrant de gauche,* 1ᵉʳ *plan.*

Ah! vous êtes là, M. Jules?

JULES.

Oui! je suis là, Colombine... et au comble de la joie!... Voulez-vous voir un homme au comble de la joie, Colombine?... Regardez-moi!... Vous voyez un homme au comble de la joie!

COLOMBINE.

Vous avez vu papa?

JULES.

Si je l'ai vu?... mais je n'ai fait que ça! Nous avons parlé muet ensemble.

COLOMBINE.

Vous avez parlé muet?... Je ne comprends pas!

JULES.

Je lui ai fait comme ça! (*Il fait des signes bizarres.*) il m'a répondu comme ça. (*Il fait d'autres gestes.*) Oh! nous nous sommes parfaitement compris!

COLOMBINE.

Et le résultat de cette entente?...

JULES.

C'est qu'il m'a accordé votre main.

COLOMBINE.

Vraiment! Oh! que je suis heureuse!

JULES, *tournant autour de Colombine.*

Ah! mais, je n'avais pas remarqué d'abord...
quel délicieux costume vous avez là!...

COLOMBINE.

Oh! ce n'est pas mon costume de mariage!...

JULES.

Il serait un peu court!...

COLOMBINE.

C'est mon costume de la pantomime que nous
allons répéter avec papa.

JULES.

Eh quoi! Colombine, un autre Arlequin que
moi va vous serrer dans ses bras, va vous épouser
au dénouement?...

COLOMBINE.

Rassurez-vous!... Nous n'avons pas d'arlequin!... Eh! mais, au fait, pourquoi ne le feriez-
vous pas, vous, mon arlequin?... puisque vous
savez si bien parler par gestes...

JULES.

Moi?

COLOMBINE.

Ah! c'est pour le coup que vous seriez sûr de
gagner les bonnes grâces de papa!...

JULES.

Le fait est qu'un clerc, c'est un arlequin qui
peut être avoué!... Mais un costume?

COLOMBINE.

Papa en a dix dans son musée, comme il appelle
sa garde-robe.

JULES.

Eh bien! j'accepte, Colombine... Je n'ai jamais joué les arlequins, mais l'amour fait faire bien

des choses!... Je vais jouer la pantomime!...
Et si un jour je fais de mauvaises affaires comme
avoué, je retomberai sur les arlequins.

COLOMBINE.

Suivez-moi!

DUO

COLOMBINE.

Suivez-moi!
Par ce stratagème
Que Jules me prouve qu'il m'aime,
En cherchant à gagner ma foi!

JULES.

Oui, ma foi,
Par ce stratagème
Je veux lui prouver que je l'aime
En suivant ma belle et sa loi!

(*Reprise avec Colombine.*)

(*Ils sortent à droite.*)

SCÈNE IX

BAUDRUCHON, *puis* BAPTISTE.

BAUDRUCHON,
entrant par la porte de gauche, 2e plan.

Quel coup de pied! et il avait peur de me manquer!... Certes, dans ma vie j'ai eu affaire à
bien des paires de bottes... jamais à d'aussi puis-
santes!... Je suis enchanté d'avoir engagé ce do-
mestique-là!

BAPTISTE, *rentrant.*

J'ai pris connaissance de la batterie de cuisine!...

BAUDRUCHON.

Tiens! quel est ce monsieur?

BAPTISTE.

Un Cassandre!... c'est le bourgeois!... Il
s'est encore transformé!... Tout à l'heure il était
gras, maintenant il est maigre!... C'est un malin.

BAUDRUCHON.

Pardon, monsieur, mais...

BAPTISTE.

Eh bien! avez-vous parlé de moi avec votre
demoiselle?

BAUDRUCHON.

Avec ma demoi... Ah! c'est le clerc d'avoué
dont elle m'a parlé! celui qu'elle veut épouser.
Ainsi, monsieur, vous désirez entrer dans ma
maison?

BAPTISTE.

Tiens, je croyais que c'était convenu...

BAUDRUCHON, *se fâchant.*

Convenu?... avec ma fille, peut-être?... Mais
sachez que je suis le seul maître ici, et que nul
autre que moi ne commande!

BAPTISTE, *à part.*

Il se fâche?... Ah! c'est parce que je lui a
parlé!... Des gestes, m'a dit sa fille, et vousj
réussirez!...

BAUDRUCHON.

D'abord, quel âge avez-vous?

BAPTISTE, *lui faisant signe avec les doigts.*

Vingt-cinq ans!...

BAUDRUCHON.

Quarante-cinq ans; eh bien, il ne les paraît pas.
Quelle est votre position dans le monde?

BAPTISTE.

(*Il fait signe qu'il sait faire la cuisine, la*
manger.

BAUDRUCHON.

Eh! eh! il ne mime pas mal pour un clerc d'a-
voué... mais pécuniairement parlant, dans quelle
situation êtes-vous?

BAPTISTE, *par gestes.*

Pas le sou!...

BAUDRUCHON.

Il mime très bien; pas le sou!... alors je ne
veux pas de vous!...

BAPTISTE, *par gestes.*

Pardon! pardon!... mais, je sais danser!...
(Il danse.) Faire le saut de carpe, marcher sur
les mains... (Il passe au 2ᵉ plan en faisant la
roue.)

BAUDRUCHON.

Quel drôle de clerc d'avoué... Oh! s'il voulait
jouer la pantomime avec nous!... Dites-moi, mon
ami, sauriez-vous recevoir un soufflet?... J'aime
mieux lui en offrir un, parce que, au cas où il ne
saurait pas le donner, comme l'autre... (Il se frotte
la joue.)

BAPTISTE.

(Il lui fait signe que oui.)

BAUDRUCHON.

Alors, apprêtez-vous!... Non, mon ami, n'ayez
pas l'air de vous y attendre. (Il lui envoie un
faux soufflet que Baptiste reçoit en frappant
dans les mains.) Bravo! bravo! mon ami! Si
vous voulez obtenir la main de ma fille, il faut
jouer un rôle dans la pantomime, dont voici le
manuscrit. (Il le lui remet.)

BAPTISTE, *à lui-même.*

La main de sa fille! O bonheur!...

BAUDRUCHON. (*Il lui désigne la porte gauche,*
2ᵉ plan.)

Tenez, entrez là, et lisez cette pantomime atten-

tivement, vous y choisirez le Pierrot ou l'Arlequin,
à votre convenance.

BAPTISTE.
J'y vole, beau-père, j'y vole !..

ENSEMBLE.

BAPTISTE.
Quelle veine !
Quelle aubaine !
Quel coup du sort ! mais c'est égal,
Il me paraît original.
Sur mon âme,
Je proclame
Que c'est un fier original !

BAUDRUCHON.
Quelle veine !
Quelle aubaine !
Quel coup du sort ! mais c'est égal,
Il me paraît original.
Sur mon âme,
Je proclame
Que c'est un gendre sans égal !

(Baptiste sort.)

SCÈNE X

BAUDRUCHON., puis CADOCHE.

BAUDRUCHON.
Ah ! si tous les avoués et leurs clercs étaient
comme celui-la !... comme les affaires iraient
mieux !... Quand je l'ai vu faire la carpe, je me
suis dit tout de suite : voilà un homme attaché au
parquet !

CADOCHE, entrant par le fond.
Je n'ai pas été long, j'espère !... Tiens, un mar-
chand de vulnéraire !... Monsieur, je suis votre
serviteur !

2

BAUDRUCHON.

Pardon ! à qui ai-je l'honneur ?...

CADOCHE.

Cadoche, notaire.

BAUDRUCHON.

Ah ! vous êtes le notaire ? Parfait, je vous attendais.

CADOCHE.

Seriez-vous le père de la jeune fille ?...

BAUDRUCHON.

De Colombine ?... non, son tuteur seulement !.. C'est moi Cassandre... Tenez, du reste, voici un manuscrit, vous prendrez connaissance de la chose !..

CADOCHE, *lisant.*

Le contrat de Colombine!... C'est bien cela !... Faut-il que celui qui va l'épouser soit bête, hein ?...

BAUDRUCHON.

Vous n'aimez pas le mariage ?

CADOCHE.

Monsieur, j'ai été marié six mois, et ma femme m'a lâché.

ROMANCE-BOUFFE.

Comme les blés elle était blonde,
Elle avait de grands yeux d'azur,
Un petit pied, la taille ronde,
La lèvre rose et le front pur.
Mais lorsque le soir à la brune
Elle m'appeliat son Fernand,
J'croyais manger en l'écoutant
Un'brioch'd'la ru'd'la Lune.
Mais hélas ! elle a fui comme une ombre légère,
En me disant :
A toi, Fernand,
Ce ratelier chéri qui me vient de ma mère.

BAUDRUCHON.

Eh bien ! si vous lui chantiez ça tous les matins, ça ne m'étonne pas que votre femme vous ait lâché !

CADOCHE.

Qu'entendez-vous par là, monsieur ?

BAUDRUCHON.

Et puis avec un physique comme le vôtre vous ne pouviez guère vous attendre non plus à être aimé pour vous-même !...

CADOCHE.

Qu'entendez-vous par un physique comme le mien ?

BAUDRUCHON.

Voyons, mon cher notaire, je ne voudrais pas vous dire des choses désagréables ; entre nous, vous êtes d'un joli mouche !

CADOCHE.

Mouche !..

BAUDRUCHON.

Si j'avais des cerises à défendre, et que vous voulussiez bien vous y prêter, je n'hésiterais pas à vous mettre dans mon cerisier pour faire peur aux moineaux !

CADOCHE.

Mais, monsieur, j'ai eu du physique dans le temps !... J'avais. . de grands cheveux bouclés, qui me tombaient sur ma collerette.

BAUDRUCHON.

Et c'est votre femme qui vous coiffait ?...

CADOCHE.

Ah ! ne parlons plus de cela !... Bien qu'il y ait une vingtaine d'années, son souvenir est encore vivace en moi.

BAUDRUCHON.

C'est bien ! je respecte votre douleur !... Entrez-

là. (*Il lui désigne la porte de droite, 1er plan.*)
Et lisez le *Contrat de Colombine.*

CADOCHE.

Tout seul ?...

BAUDRUCHON.

Oui !...

CADOCHE.

Il n'y a pas de rats ?...

BAUDRUCHON.

Non !...

CADOCHE.

C'est que, voyez-vous, j'ai peur des rats !...

BAUDRUCHON.

Allez-donc ! allez donc ! (*Cadoche sort.*)

SCÈNE XI

BAUDRUCHON, *puis* COLOMBINE.

BAUDRUCHON.

Là !... maintenant, à part un arlequin, j'ai tout
au monde !...

COLOMBINE, *qui a entendu les derniers mots.*

Tu as même ton Arlequin, papa !

BAUDRUCHON.

Tu m'en as trouvé un ?

COLOMBINE.

Tu vas voir !...

(*Elle frappe trois coups dans la main. — Au
3e coup Jules en Arlequin et Baptiste en Pierrot apparaissent, le premier à la porte du
fond, à droite, le masque noir sur la figure,
le second à la porte de gauche, au fond, avec
le visage blanc d'un Pierrot.*)

SCÈNE XII

LES MÊMES, JULES, BAPTISTE.

QUATUOR.

JULES *et* BAPTISTE.

Nous voilà ! (*ter.*)
Nous arrivons, l'allure preste,
Légers de la tête et du geste,
La jambe souple et la main leste.
Nous sommes-là,
Nous voilà ! (*ter.*)

JULES, *faisant une pirouette.*

Demandez Arlequin.

BAPTISTE, *id.*

Pierrot vif et malin.

JULES.

Orné de ma batte,
Cambré, je m'en flatte.

BAPTISTE.

Moi, rusé, narquois
Et bête à la fois !...

BAUDRUCHON.

Croyez, messieurs, que j'ai l'honneur
D'être votre humble serviteur !...

ENSEMBLE.

JULES *et* BAPTISTE.

Nous voilà ! (*ter.*)
Nous arrivons, l'allure preste, etc.

BAUDRUCHON *et* COLOMBINE.

Les voilà ! (*ter.*)
Ils arrivent, l'allure preste,
Légers de la tête et du geste, etc

BAUDRUCHON.

Messieurs, je n'ai pas l'honneur de vous connaître, mais je suis dans le ravissement !... Ah ! pardon ! vous savez vos rôles ?...

(Signes affirmatifs et gambades de Jules et de Baptiste.)

COLOMBINE.

Alors, ça va bien !... Tout le monde dans les coulisses, et commençons !...

BAUDRUCHON.

Attendez !... Commençons !... et tout le monde dans les coulisses. (*Tous sortent par le fond.*)

PANTOMIME.

SCÈNE PREMIÈRE

Arlequin entre par le fond, regarde si Colombine est là et ne la voyant pas va frapper à la porte de gauche en se cachant en suite.

SCÈNE II

Colombine entre et n'aperçoit pas d'abord Arlequin. C'est étonnant, semble-t-elle se dire, je croyais avoir reconnu son signal; elle se retourne et le voit ; ils se jettent dans les bras l'un de l'autre. Arlequin explique à Colombine qu'il va la demander en mariage à son père; elle répond qu'il ne voudra pas: Arlequin réplique qu'il vaincra tous les obstacles; on entend tousser Cassandre. Colombine renvoie Arlequin.

SCÈNE III

Cassandre entre de gauche sans voir Colombine, qui sort aussitôt par la même porte sans être vue de son père. Cassandre exprime qu'il fait beau et qu'il va sortir: il appelle son domestique Pierrot pour qu'il lui fasse la barbe.

SCÈNE IV

Pierrot entre en bâillant après que Cassandre l'a

appelé plusieurs fois; en étirant ses bras, il flanque
une gifle à Cassandre, puis lui demande ce qu'il
veut. Cassandre veut être rasé, coiffé et frisé. Pierrot lui retire son pet-en-l'air. (Cascades,) il va chercher une chaise qu'il retire après l'avoir offerte à
Cassandre, qui tombe ; puis il l'assied et lui passe
une serviette autour du cou en l'étranglant; il va
ensuite chercher du savon et un blaireau ; pendant
qu'il savonne Cassandre, Arlequin entre et frappe
Pierrot sur le derrière avec sa batte, ce qui fait
faire un faux mouvement à Pierrot, qui fourre son
blaireau dans l'œil de Cassandre : cette cascade est
deux fois répétée. La seconde fois il lui met son
blaireau dans la bouche ; ensuite Pierrot passe une
gande lanière de cuir autour du cou de Cassandre,
et repasse dessus un énorme rasoir. Pendant qu'il
repasse, Arlequin frappe Pierrot de sa batte, Pierrot lâche le cuir et Cassandre et lui vont rouler de
chaque côté de la scène. Pierrot prend Cassandre
par le bout du nez; il le rase. Nouveau coup d'Arlequin, qui fait couper le nez de Cassandre. Cris de
ce dernier. Pierrot met des papillotes à Cassandre,
dont une sur le bout du nez, puis va chercher un
fer à papillotes, qui est tout rouge.. Effroi de Cassandre. Pierrot frise Cassandre; il le brûle. (Cascades). Il apporte ensuite le peigne, lui passe son
habit et lui donne son chapeau, et sa canne en le
faisant tomber. Ils vont pour sortir quand ils aper-
çoivent au fond :

SCÈNE V

Pierrot et Colombine qui s'embrassent. Pierrot
saisit Colombine et l'entraîne à l'avant-scène de
droite ; Colombine lui donne une gifle qu'il rend
à Cassandre ; la gifle revient à Pierrot par le
même moyen ; il la relance à sa gauche au moment où le notaire entre par la droite (*du public*);
le notaire reçoit la gifle et se sauve effaré.

Pierrot et Cassandre vont pour ressaisir Colombine, Arlequin leur donne des coups de batte et
entraîne Colombine par le fond ; Pierrot et Cassandre les poursuivent. Cassandre tombe et se relève
en boitant. Pierrot descend la scène avec lui en
imitant sa marche et lui donne une poussée qui
fait chanceler Cassandre ; à ce moment le notaire
va pour entrer à droite, Cassandre tombe sur lui,
le notaire disparaît en poussant un cri. Cassandre
et Pierrot sortent par le fond.

SCÈNE VI

Arlequin et Colombine reviennent par un autre plan ; ils dansent un petit pas de deux. (Les artistes qui ne sauraient pas danser pourraient remplacer cette danse par la scène très connue de la bouderie et du raccommodement). Colombine rentre chez elle, Arlequin la suit.

SCÈNE VII

. Pierrot et Cassandre entrent par le fond ; ils sont très fatigués. Cassandre va chercher Colombine et ramène Arlequin en croyant tenir sa fille par la main; il est furieux en reconnaissant Arlequin et veut le battre. Pierrot les sépare et fait comprendre à Cassandre qu'il faut qu'Arlequin épouse Colombine, vu qu'il l'a compromise. Cassandre ordonne à Pierrot d'apporter une table et ce qu'il faut pour écrire, puis va chercher Colombine et lui annonce qu'il consent à son mariage avec Arlequin. Colombine remercie et se jette dans les bras d'Arlequin. On cherche le notaire, qui apparaît à droite au même instant, mais qui se sauve de suite craignant d'être encore mystifié ; on le rattrape par les pans de son habit, qui se déchire, et on l'asseoit de force.

SCÈNE VIII

Les Mêmes, CADOCHE.

CADOCHE, *assis devant la table.*

Par devant maître...

BAUDRUCHON, *lui mettant la main sur la bouche.*

On ne parle pas !...

CADOCHE.

Ah ! on ne parle pas ! Comment voulez-vous que je lise le contrat. alors ?

BAUDRUCHON.

On ne parle pas !... Il n'a jamais joué cet emploi-là !

CADOCHE.

Par dev... (*Il agite les lèvres.*)

TOUS.

Bravo ! très bien !

Pendant toute la scène du notaire, Arlequin frappe le notaire sur la tête avec sa batte, Pierrot lui retire son mouchoir au moment où il va se moucher, le notaire se mouche dans sa main et l'essuie sur la manche de Cassandre. Autres cascades ad libitum — Pierrot attache les pieds des chaises à la table avec une corde.

CADOCHE.

Maintenant la signature du contrat. Au mari d'abord.

(*Arlequin s'avance en gambadant et signe.*)

CADOCHE.

A la mariée !...

(*Colombine s'avance, signe et envoie des baisers à Alequin, qui les lui rend.*)

CADOCHE.

Au père !...

BAUDRUCHON, *allant signer.*

Je vais signer de mon vrai nom pour que ce soit plus nature !... (*Il signe.*)

CADOCHE.

Au témoin !

(*Pierrot s'avance et le regarde en lui faisant des grimaces.*)

CADOCHE.

Comme ce témoin est pâle !... Oui, oui... je

comprends, mais signez !... (*Pierrot signe, puis enlève la table qui entraîne les chaises qui y sont attachées ; Cassandre et le notaire tombent ; Arlequin et Colombine s'embrassent : Pierrot relève Cassandre et le fait bénir en lui hochant la tête. — Tableau.) — Fin de la pantomime.*

JULES,

Et maintenant nous sommes mariés.

COLOMBINE.

Papa, je te présente mon mari... Otez donc votre masque !... (*Jules ôte son masque.*)

BAUDRUCHON.

Mon nouveau domestique !...

JULES.

Mais non ; votre gendre !... D'abord, Colombine est à moi !... Tenez, voici le contrat signé de vous, de votre fille, de moi et de ce Pierrot-là !

BAUDRUCHON.

Mais c'est un faux contrat.

JULES.

Demandez donc à M. Cadoche, notaire à Courbevoie, si son contrat est faux !

BAUDRUCHON.

Mais ça c'est un faux notaire.

CADOCHE.

Un faux notaire, moi ! Cadoche Taillebûche !

BAUDRUCHON.

Taillebûche !... un vrai notaire. Ah ! mon Dieu !... je les ai mariés sans m'en apercevoir. Allons, vous êtes mon gendre.

JULES.

Et vous savez, beau-père, quand vous aurez
besoin de coups de pied, j'en ai là dedans des
bottes, à votre disposition.

BAUDRUCHON.

Merci, je sors d'en prendre.

FINAL.

TOUS ENSEMBLE.

Vivent Pierrot et tous ses crimes !
Oui, vive l'art des pantomimes !
Des bravos à ses mimes,
Ils sont tous là,
Les voilà !

————

Paris, MORRIS PÈRE ET FILS, imp. brev., Rue Amelot, 64

80-2354 — PARIS, MORRIS PÈRE ET FILS, IMPRIMEURS

64, rue Amelot, 64.

www.ingramcontent.com/pod-product-compliance
Lightning Source LLC
Chambersburg PA
CBHW061720060726
47597CB00006B/2490